17/18 Décembre 1906 V

VENTE

Des 17 et 18 Décembre 1906

HOTEL DROUOT, SALLE N° 11

à deux heures

BIJOUX

Ornés de Diamants

Perles et Pierres de couleurs

COMMISSAIRE-PRISEUR

Me PAUL CHEVALLIER

EXPERT

M. LOUIS AUCOC

CATALOGUE

DE

BIJOUX

ORNÉS DE

Diamants, Perles et Pierres de couleurs

BROCHES, BRACELETS

COLLIERS, DIADÈMES, BOUCLES D'OREILLES

BAGUES, ETC.

Appartenant à M ***

ET DONT LA VENTE AURA LIEU A PARIS

HOTEL DROUOT, SALLE N° 11

Les Lundi 17 et Mardi 18 Décembre 1906

à deux heures

COMMISSAIRE-PRISEUR

Me PAUL CHEVALLIER

10, rue Grange-Batelière, 10

EXPERT

M. LOUIS AUCOC

Président de la Chambre syndicale de la Joaillerie

9, rue du 4-Septembre, 9

EXPOSITION PUBLIQUE

Le Dimanche 16 Décembre 1906

DE UNE HEURE ET DEMIE A CINQ HEURES ET DEMIE

CONDITIONS DE LA VENTE

Elle sera faite au comptant.

Les adjudicataires paieront *dix pour cent* en sus des enchères.

L'exposition mettant le public à même de se rendre compte de l'état et de la nature des objets, il ne sera admis aucune réclamation une fois l'adjudication prononcée.

ORDRE DES VACATIONS

Lundi 17 Décembre 1906. . . . . . . 1 à 48
Mardi 18 Décembre 1906. . . . . . . 49 à 97

Paris. — Imp. Georges Petit, 12, rue Godot-de-Mauroi. — 17258-06.

DÉSIGNATION

1 — HUIT ÉPINGLES de cravate, turquoises et trèfles perles.

2 — BROCHE-GUÊPE, argent doublé or, corps émaillé, ailes en roses.

3 — DEUX BROCHES feuilles de lierre et muguet, brillants et roses.

4 — DEUX BROCHES, saphirs, rubis et brillants.

5 — BAGUE or, perle pointée entourée de brillants.

6 — DEUX BROCHES rondes, brillants et roses.

7 — BAGUE or, perle noire entourée de brillants.

8 — Broche fer a cheval, or mat, ornée de six brillants et de cinq perles.

9 — Bague or, perle grise entourée de brillants.

10 — Bague or, diamant noir entouré de brillants.

11 — Bracelet souple, composé de six motifs rectangulaires en brillants bruns, avec rubis au centre de chaque motif, liens en or.

12 — Broche, diamant noir entouré de brillants blancs avec pampille, poire diamant noir entouré de brillants.

13 — Diadème, feuilles brillants blancs et palmettes brillants bruns et brillants blancs.

14 — Bague à trois corps, émeraude et brillants fantaisie.

15 — Diadème, brillants et briolettes.

16 — Bracelet-gourmette or, turquoises et brillants alternés.

17 — Broche-pensée, pavée de brillants bruns et brillants blancs sur argent et or.

18 — Bague forme diadème, perle et brillant carré; corps en brillants.

19 — Collier guirlande, brillants fantaisie montés sur or.

20 — Deux boucles d'oreilles, diamant noir entouré de brillants.

21 — Bague-serpent, saphir et brillant-triangle; corps en brillants.

22 — Broche-ancre marine, turquoise, brillants bruns et brillants blancs.

23 — Deux boucles d'oreilles, saphir entouré de brillants.

24 — Deux broches carrées, saphirs, rubis spinels et brillants.

25 — Bracelet-gourmette or, saphirs cabochons et brillants alternés.

26 — Trois broches-étoiles, brillants.

27 — Bracelet-gourmette or, rubis cabochons et petits brillants.

28 — Montre de dame or, pavée de brillants.

29 — Bracelet rigide or, saphirs et roses.

30 — Broche-losange, brillants et rubis taillés.

31 — Branche de corsage fuschia, argent doublé or, ornée de roses.

32 — Deux boucles d'oreilles, saphir entouré de brillants.

33 — Bague jonc, or mat, œil-de-chat et deux brillants.

34 — Bracelet rigide, rubis et brillants.

35 — Branche de corsage argent doublé or, ornée de roses avec brillant au centre d'une fleur.

36 — Broche-étoile, brillants et rubis cabochons.

37 — Deux bagues joncs, l'une ornée d'un rubis cabochon entre deux brillants, l'autre d'un œil-de-chat entre deux brillants.

38 — Deux broches-clous, brillants de fantaisie sur or.

39 — Broche fer a cheval, brillants et roses.

40 — Deux broches-hachettes, brillants et rubis.

41 — Broche-libellule, brillants bruns et brillants blancs, argent doublé et saphir cabochon.

42 — Deux bagues chevalières or, platine, ornées chacune d'un brillant.

43 — Huit épingles de cravate, brillants et petites briolettes.

44 — Quarante et une paires de boucles-d'oreilles avec petites pierres.

45 — Quatre broches, or et pierres diverses.

46 — Cinquante-huit bagues, or et petites pierres. (Ce lot pourra être divisé.)

47 — Cinq épingles de cravate variées.

48 — Cinquante-quatre bagues variées, or et petites pierres.

49 — Quatre broches variées, or, brillants et roses.

50 — Bague or, brillants blancs et brillants bruns.

51 — Bague or, deux brillants croisés; corps en brillants.

52 — Quatre bagues rivières, brillants fantaisie sur or.

53 — Deux bagues à trois corps, ornées de brillants fantaisie sur or.

54 — Diadème exécuté en brillants, trèfles brillants carrés.

55 — Collier guirlandes, brillants fantaisie montés sur or et trois perles.

56 — Bague or, rubis entouré de brillants.

57 — Bracelet joaillerie, rubis et brillants.

58 — Broche-barrette, brillants, rubis et briolettes.

59 — Broche, turquoise entourée de brillants.

60 — Deux boucles-d'oreilles, saphir entouré de brillants.

61 — Bracelet souple, composé de onze motifs en rubis et brillants, séparés par des bandes en brillants.

62 — Diadème, brillants, briolettes et rubis.

63 — Bague or, brillant noir entouré de brillants.

64 — Deux boucles d'oreilles, brillant entouré de brillants, montés sur or.

65 — Bracelet souple, composé de six rectangles en brillants fantaisie avec rubis au centre; liens en or.

66 — Bague forme diadème, perle, diamant jonquille; corps en brillants.

67 — Broche fantaisie, brillants, roses et saphir clair.

68 — Bague or, brillant noir entre deux brillants.

69 — Bracelet souple, composé de petites barres exécutées en rubis et brillants.

70 — Bague forme diadème, perle et brillant carré; corps en brillants.

71 — Deux broches variées, brillants et roses.

72 — Bague or, rubis entouré de brillants.

73 — Deux boucles d'oreilles, brillant entouré de brillants.

74 — Deux paires de boucles d'oreilles, rubis entouré de brillants.

75 — Bague jonc, or mat, ornée d'un brillant.

76 — Aigrette, ornements en brillants avec plume.

77 — Deux broches, ornements en roses avec deux pampilles perles au centre.

78 — Bague or, rubis entouré de brillants.

79 — Bague à trois corps, saphir et brillants de fantaisie sur or.

80 — Broche fantaisie, pierres de couleurs.

81 — Deux boucles d'oreilles, rubis entouré de brillants.

82 — Broche chien, brillants et quelques roses.

83 — Deux bagues joncs, or mat, ornées chacune d'un brillant.

84 — Branche de corsage, brillants.

85 — Broche, brillants et trois pierres de couleurs.

86 — Deux bracelets rigides, or mat, grenats cabochons et grenats taillés.

87 — Deux broches-croissants, ornées de bandes en brillants et roses.

88 — Broche-croissant, argent doublé or, ornée de deux bandes en brillants.

89 — Épingle de cravate, brillant et grosse briolette.

90 — Épingle-trèfle, ornée de trois brillants.

91 — Deux bagues chevalières or, ornées chacune d'un brillant.

92 — Six boutons de robe, petits brillants bruns.

93 — Deux boucles d'oreilles, rubis simili entourés de brillants.

94 — Deux montres de dame, ornées de roses.

95 — Sept montres or variées.

96 — Quarante-cinq petites croix ou médailles de piété en or.

97 — Quarante-deux paires de boucles et boutons d'oreilles, or et petites pierres.

www.ingramcontent.com/pod-product-compliance
Lightning Source LLC
LaVergne TN
LVHW021532140926
848035LV00047B/1312